Ida zeigt dir die Krabbeltiere

Text Jess French
Illustrationen Duncan Beedie

Für die deutsche Ausgabe:
Verlagsleitung Monika Schlitzer
Programmleitung Heike Faßbender
Redaktionsleitung Martina Glöde
Projektbetreuung Janna Heimberg
Herstellungsleitung Dorothee Whittaker
Herstellungskoordination Katharina Schäfer
Herstellung Sabine Hüttenkofer

Titel der englischen Originalausgabe:
Nature heroes: Bella loves bugs

Übersetzung Eva Sixt

ISBN 978-3-8310-4545-7

Druck und Bindung 1010 Printing, China

MIX
Papier aus verantwortungsvollen Quellen
FSC® C016973

www.dk-verlag.de

Hinweis
Die Informationen und Ratschläge in diesem Buch sind von den Autoren und vom Verlag sorgfältig erwogen und geprüft, dennoch kann eine Garantie nicht übernommen werden. Eine Haftung der Autoren bzw. des Verlags und seiner Beauftragten für Personen-, Sach- und Vermögensschäden ist ausgeschlossen.

PASS IMMER GUT AUF

Es macht großen Spaß, Krabbeltiere zu erforschen, wenn du dies beachtest:

- Gehe nur mit der Erlaubnis eines Erwachsenen auf Beobachtungstour.
- Berühre keine Tiere, die du nicht kennst. Fass sie nur an, wenn ein Erwachsener dir sagt, dass sie ungefährlich sind.
- Wasche dir die Hände gründlich mit Seife, nachdem du ein Tier berührt hast.
- Geh vorsichtig mit den Tieren um.
- Berühre niemals die Flügel von Insekten.
- Lass die Tiere immer dort wieder frei, wo du sie gefunden hast.

Jess French

Duncan Beedie

Ida zeigt dir die Krabbeltiere

DK

HALLO, ICH BIN IDA. Ich liebe Insekten und alle anderen kleinen Krabbeltiere. Ich möchte Wissenschaftlerin werden und Insekten erforschen.

Papa hilft mir, Knoblauchsrauke zu sammeln. Diese Pflanze ist das Futter für meine hungrigen Raupen.

Viele Schmetterlingsraupen mögen nur die Blätter von einer oder ein paar bestimmten Pflanzenarten.

Manchmal nehme ich Insekten mit nach Hause, um mehr über sie zu erfahren. Danach lasse ich sie wieder dort frei, wo ich sie gefunden habe.

Raupen muss man in einem Behälter mit Luftlöchern und frischer Nahrung halten. Aber nicht in die Sonne stellen.

Futter für euch, meine Kleinen! Frische, saftige Blätter, damit ihr groß und stark werdet.

Eine Raupe muss vor allem fressen, fressen, fressen … Sie wächst sehr schnell, bis sie groß genug ist, um sich zu verpuppen.

Eine meiner Raupen hat sich schon verpuppt. In der Puppenhülle verwandelt sie sich in einen wunderschönen Schmetterling. Wie aufregend!

Jetzt nichts wie raus in die Natur! Nur noch schnell alles zusammenpacken …

Wenn du Insekten und andere Krabbeltiere erforschst, dann merkst du bald, dass sie überall sind!

Du brauchst keine besondere Ausrüstung, aber einige Dinge sind nützlich, um sie genauer kennenzulernen.

NOTIZBLOCK
Schreib auf, was du beobachtest, und mach Zeichnungen.

SAMMELGLAS
Im Glas kannst du die Tiere genau betrachten.

FANGNETZ
Damit kannst du Insekten im Gras fangen.

AM TEICH
Hier sind ein Kescher und ein paar andere Dinge praktisch.

LUPE
Mit der Lupe siehst du alles viel größer.

BESTIMMUNGSBUCH
Komm den Tieren nie zu nahe, wenn du nicht genau weißt, um welche Tierart es sich handelt. Manche können stechen und andere sind giftig.

Auch passende Kleidung ist wichtig. Bei jedem Wetter sind Krabbeltiere unterwegs. Wir Forscherinnen müssen auf SONNE vorbereitet sein ...

... und auf REGEN!

So, ich habe alles ein-gepackt. Los geht's!

„Hallo, Ida, ich beobachte mit meinem Fernglas die Vögel. Dinge, die weit weg sind, sehen damit viel größer aus.“

„Hallo, Noah! Meine Lupe macht das Gleiche. Willst du auch mal durchgucken?“

„Schau mal, eine Ameisenstraße. Sie schleppen Futter.“

Ameisen sind stark. Sie können Dinge tragen, die viele Male so schwer sind wie sie selbst.

Ameisen gehören zu den Insekten. Alle Insekten haben sechs Beine und ihr Körper ist in drei Abschnitte unterteilt. Hier siehst du es ganz genau:

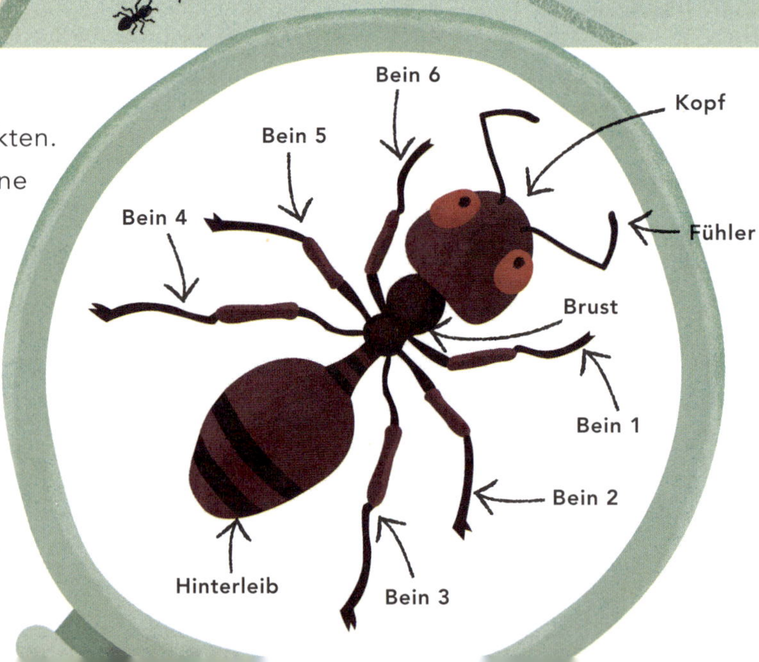

Überall Ameisen

Ameisen leben fast überall auf der Erde an Land. Einige von ihnen haben wahre Superkräfte.

Tropische Riesenameisen können schmerzhaft stechen und beißen.

Silberameisen leben in der heißen Wüste Sahara. Keine andere Ameisenart kann so schnell rennen wie sie.

Blattschneiderameisen zerstückeln Blätter. Die Stückchen tragen sie in ihr Nest, um auf ihnen Pilze zu züchten. Die Pilze sind ihre Nahrung.

„Da, das Loch muss der Eingang zu ihrem Nest sein!"

Im Ameisennest

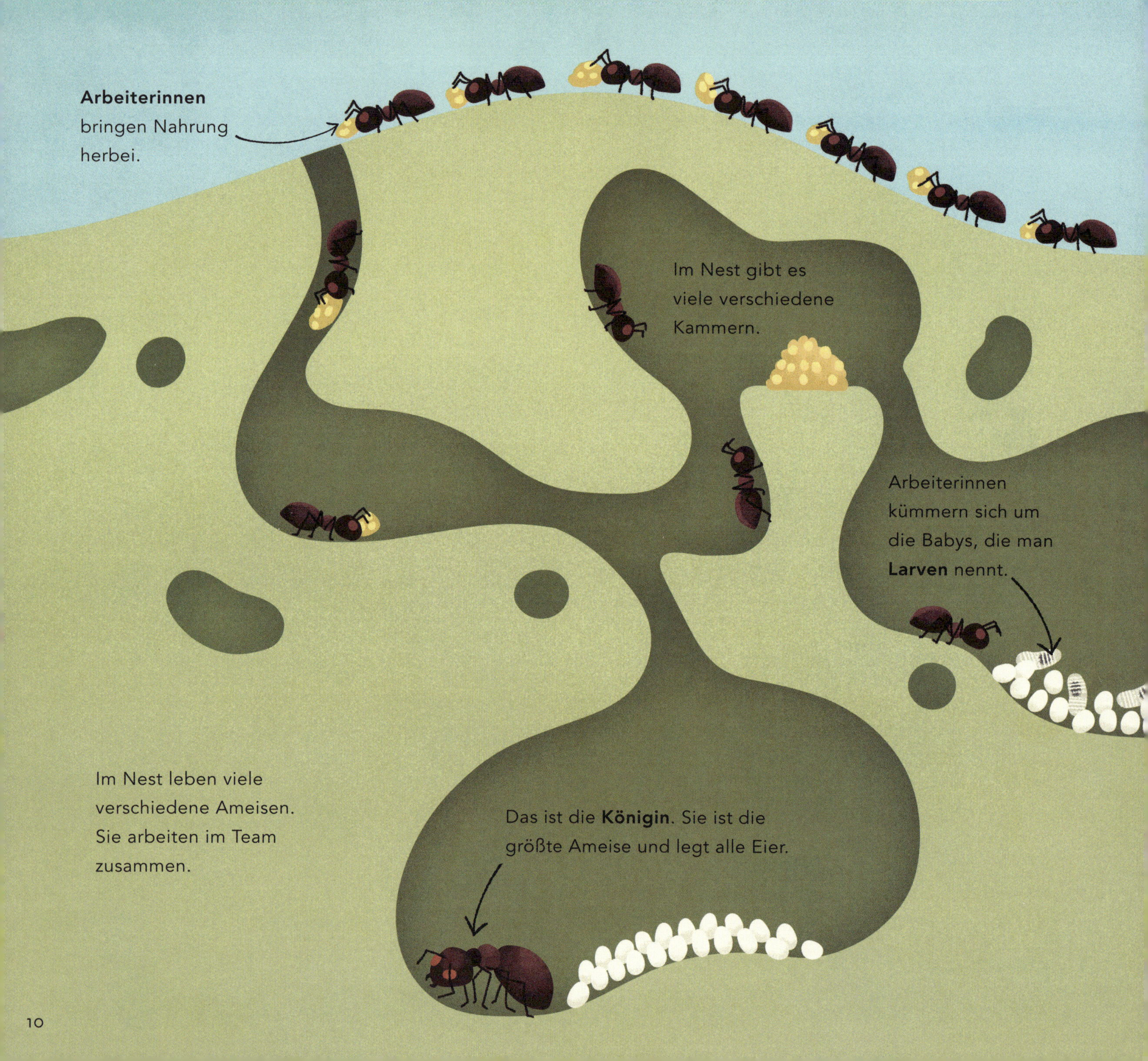

„Ameisen kümmern sich so toll um die anderen!“

„Ja, finde ich auch. Auch andere Insekten arbeiten im Team zusammen.“

Soziale Insekten

Insekten, die in großen Gruppen leben und zusammenarbeiten, nennt man soziale Insekten.

Termiten

Soziale Wespen

Hornissen

Ameisen

Honigbienen

„Da ist eine Biene!“

„Sie schwirrt um die Blüten, weil sie auf der Suche nach süßem Nektar ist.“

Verschiedene Bienen

„Das ist eine Honigbiene. Sie sammelt Nektar und Pollen. Den bringt sie in den Bienenstock, um ihn mit den anderen Bienen zu teilen."

„Vielleicht fliegt sie jetzt zum Bienenstock. Hinterher!"

„Hallo, Leon, was
machst du denn da?“

„Ich säe Wildblumen an,
damit die Bienen genügend
Nahrung finden.“

„Gute Idee! Können
wir dir helfen?“

„Siehst du die gelben Kügelchen an den Beinen der Biene? Das ist Blütenpollen.“

Bienen transportieren den Pollen von Blüte zu Blüte. Diese kleinen Körnchen bestäuben die Blüten. Erst dann können sich Früchte mit Samen bilden.

„Wir brauchen Insekten, die die Blüten bestäuben. Ohne sie hätten wir kein Obst. Und die Pflanzen könnten sich nicht mehr vermehren.“

„Das war aber keine Biene!“

Wer hat wohl dieses Geräusch gemacht?

„Eine Heuschrecke!
Vielleicht erwische
ich sie mit dem Netz."

Die Heuschrecke ist nicht leicht zu erwischen. Sie macht enorm weite Sprünge.

„Stell dir mal vor, wir könnten so gut hüpfen wie die Heuschrecken!“

Kannst du hüpfen wie eine Heuschrecke?

Auch andere Insekten können springen …

Springende Insekten

Flöhe springen von einem Tier zum nächsten. Sie saugen Blut.

Grillen ähneln Heuschrecken, aber ihre Fühler sind länger und ihr Körper ist flacher.

Heuschrecken leben auf Wiesen. Sie sind wirklich nicht zu überhören.

Schaumzikaden sind unglaublich beeindruckende Hüpfer. Sie können 100-mal so weit springen, wie ihr Körper lang ist.

Schnellkäfer katapultieren sich mit einem Sprungapparat unten am Körper in die Luft. Dabei hört man ein Klicken.

„Ich habe etwas gefangen. Eine Heuschrecke ist es nicht …

… es ist ein Schmetterling!“

„Ich lasse ihn vorsichtig frei, damit seine Flügel nicht kaputtgehen. Schau, wie er flattert!“

„Wo fliegst du wohl hin, hübscher Schmetterling?“

Auf der Suche nach Nektar fliegt der Schmetterling von Blüte zu Blüte, genau wie die Bienen.

Wie bunt er ist! Kaum zu glauben, dass die dicken Raupen sich in so wunderhübsche Falter verwandeln.

Schmetterlinge haben einen langen Rüssel, mit dem sie Nektar aus Blütenkelchen saugen.

Die Flügel eines Schmetterlings sind mit winzigen Schüppchen in verschiedenen Farben besetzt. Sie sind so angeordnet, dass ein besonderes Muster entsteht.

Schmetterlinge wärmen sich oft in der Sonne auf.

Schöne Schmetterlinge

Schmetterlinge haben viele verschiedene Muster und Formen.

Die Flügel des südamerikanischen Glasflügelfalters sind durchsichtig.

Die Flecken auf den Flügeln des Tagpfauenauges sehen wie Augen aus.

Der südamerikanische Blaue Morphofalter schillert im Sonnenlicht.

Der australische Vogelflügler ist so groß wie eine Fledermaus und hat bunt schillernde Flügel.

Die Flügelunterseiten des Indischen Blattschmetterlings sehen wie welke Blätter aus.

Der Schmetterling legt Eier!

Schmetterlingsweibchen heften ihre Eier an die Blätter von Pflanzen.

Der Lebenszyklus

Die Raupe verwandelt sich in einen Schmetterling.

1
Das Schmetterlings-weibchen legt Eier …

2
… aus denen Raupen schlüpfen …

3
… die sich verpuppen.

4
Aus der Puppen-hülle schlüpft der Schmetterling!

„Gut gemacht, Mama Schmetterling! Ich komme wieder und sehe mir deine Raupen an."

Heute schwirren jede Menge Insekten durch die Luft! Eben ist eine Libelle vorbeigesaust.

Sie steuert auf den Teich zu. Dort sind immer viele Insekten unterwegs.

Schau mal, wie die Teichläufer über die Wasseroberfläche flitzen. Sie sind blitzschnell!

Nimm immer einen Erwachsenen mit, wenn du zu einem Teich gehst. Such dir eine sichere Stelle und knie dich hin.

Auch unter der Wasseroberfläche leben viele spannende kleine Tiere. Mal sehen, was ich mit meinem Kescher erwische.

In einer weißen Schale kann man die Tiere und Algen im Wasser deutlich erkennen.

Fülle Teichwasser in die Schale.

Ich muss vorsichtig sein, damit ich den Schlamm am Grund des Teichs nicht aufwühle.

Aus dickem Draht und einer alten Feinstrumpfhose kannst du dir einen prima Kescher basteln.

Zieh den Kescher langsam durchs Wasser und leere den Inhalt vorsichtig in die Schale.

Schau mal, all diese Tiere leben im und am Teich!

Sehen wir die Libellen-
larve mal genauer an:

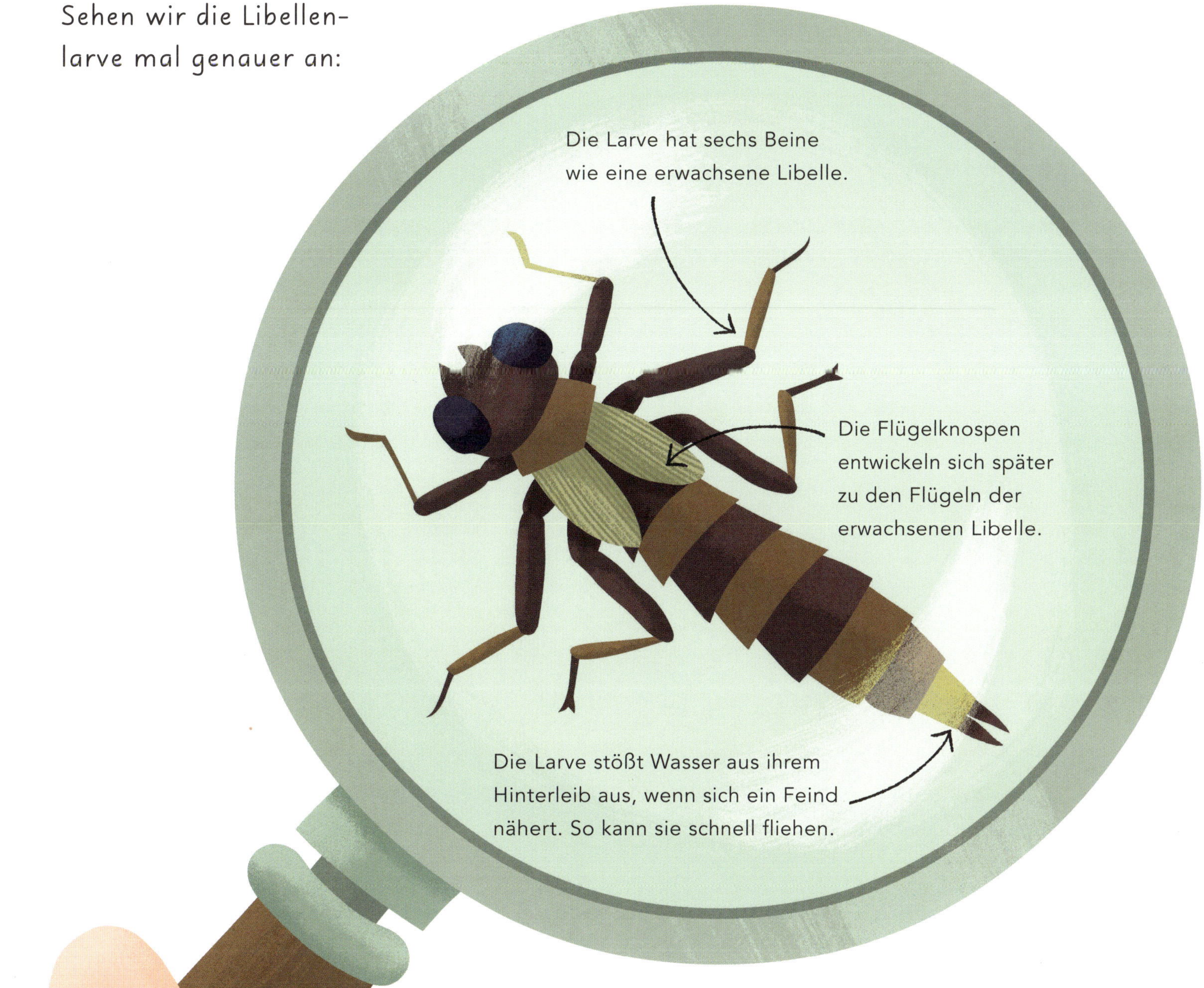

Die Larve sieht der erwachsenen Libelle nicht besonders ähnlich, nicht wahr?

Viele Insektenlarven verwandeln sich später völlig. Das erwachsene Insekt sieht ganz anders aus als die Larve. Komm mit, wir erforschen das näher …

Erstaunliche Verwandlung

Viele Insekten verwandeln sich im Lauf ihres Lebens auf faszinierende Weise.

1. Das Leben beginnt als Ei.

2. Aus dem Ei schlüpft eine Larve. Ihre Aufgabe ist es zu fressen, bis sie viel größer und dicker ist. Dann kann sie sich verwandeln.

3. Wenn die Larve groß genug ist, verpuppt sie sich. In der Puppenhülle verwandelt sich das Tier komplett. Es bildet sich ein ganz neuer Tierkörper.

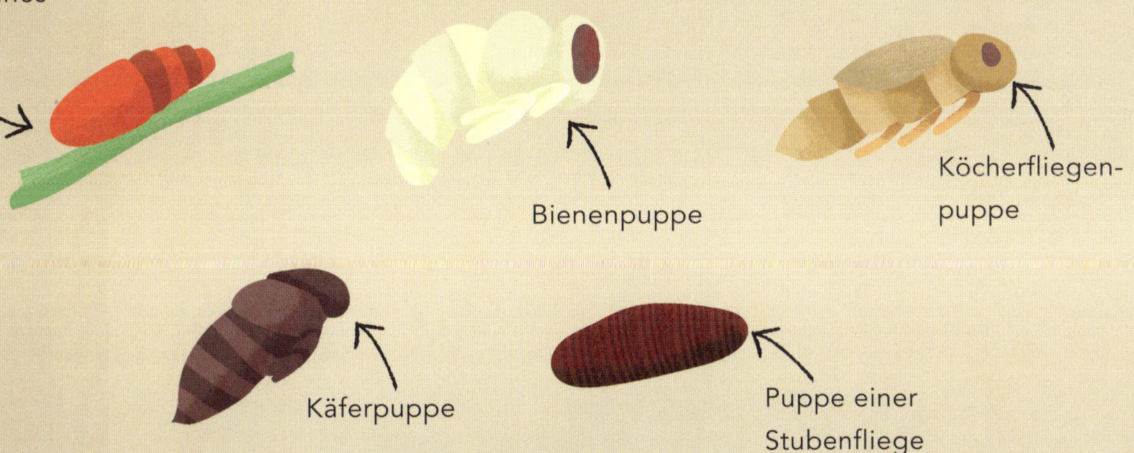

4. Schließlich schlüpft das erwachsene Insekt.

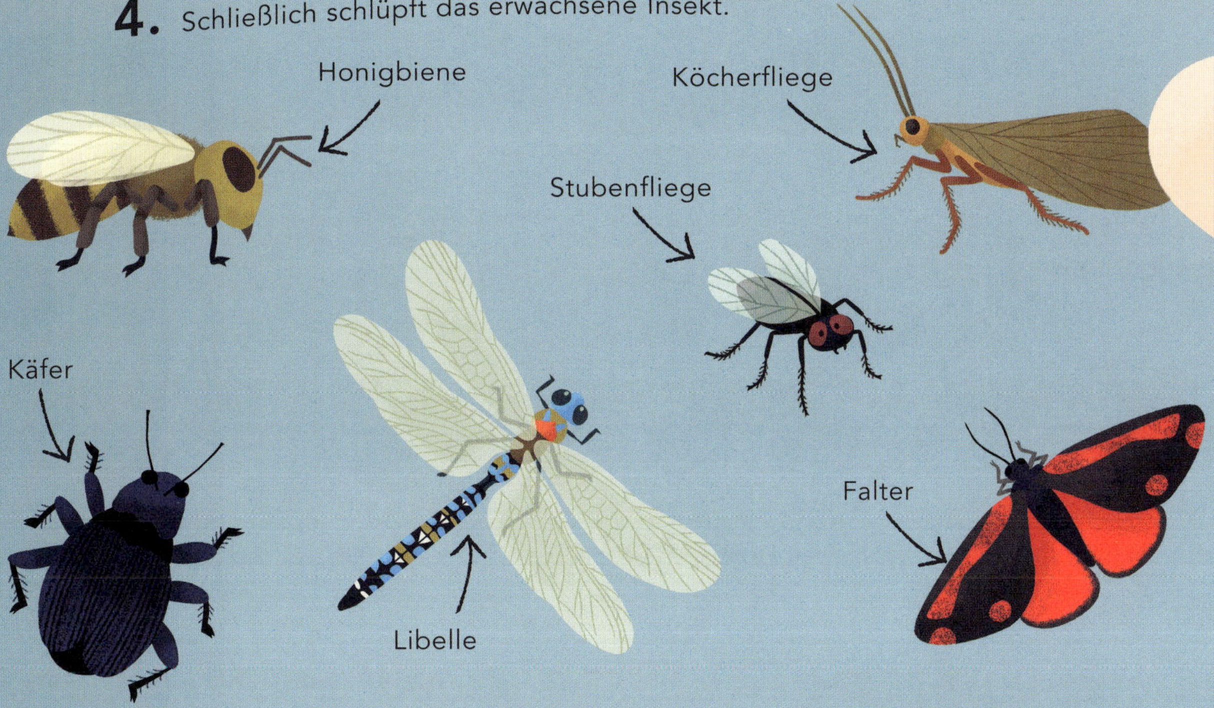

Die Köcherfliegenlarve sieht ungewöhnlich aus. Sie hat kleine Steine und Pflanzenteile mit Seide zusammengeheftet. In diesem Köcher lebt sie.

Ein cleveres Insekt! Auch andere Insekten sind geniale Baumeister.

Nester und Netze

Wespennest
Kaum zu glauben, dass diese komplizierten Nester aus zerkautem Holz und Wespenspucke bestehen.

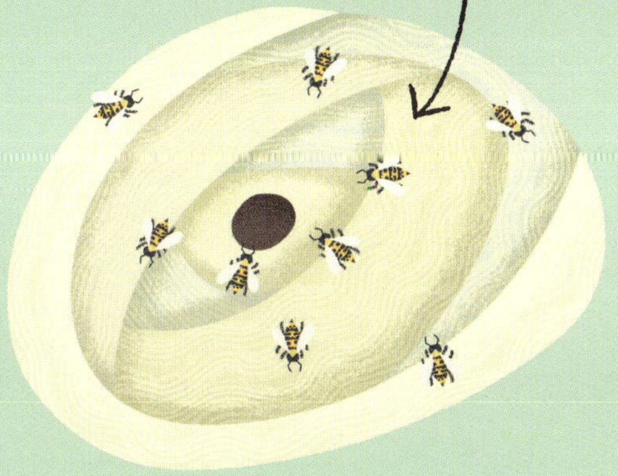

Spinnennetz
Spinnenseide ist extrem stabil. In den klebrigen Netzen verfangen sich Beutetiere, die die Spinne verspeist.

Termitenhügel
Die Nester der Termiten sind fantastisch. Diese Bauwerke können höher werden als ein erwachsener Mensch.

Das erinnert mich daran, dass ich gestern eine Falle im Wald gebaut habe. Lass uns nachsehen, ob ich etwas gefangen habe!

Meine Falle ist unter einem Stein am Wegrand. Ich liebe den Wald! Jeder Stein ist ein Lebensraum für Krabbeltiere.
Ein Lebensraum ist die Umgebung, in der ein Tier alles findet, was es zum Leben braucht.

Was ist wohl darunter?
Eine Assel-Familie!

Asseln sind Krebstiere. Sie sind näher mit den Krabben und Hummern verwandt als mit den Insekten.
Die haben ja mehr Beine als ich!
Beeindruckend!

Ein paar Asseln haben sich zu Kugeln zusammengerollt, um sich zu schützen. Ich habe den Stein wieder vorsichtig über sie gelegt.

Mal sehen, was unter der Baumrinde ist.

Eine Wolfsspinne mit ihren Eiern!

Wolfsspinnenmütter sind fürsorglich. Wenn die kleinen Spinnen schlüpfen, trägt die Mutter sie auf ihrem Rücken mit sich herum.

Unter diesem Stein habe ich einen Joghurtbecher im Boden eingegraben. Wenn ein Insekt hineinfällt, kommt es nicht mehr heraus, weil die Becherwand glatt ist. Vielleicht ist ja schon ein Tier drin ...

Grabe mit einer Schaufel ein passendes Loch und stelle einen Joghurtbecher hinein. Nun lege einen flachen Stein oder Ziegel über die Falle und tarne sie mit Steinen oder Zweigen. Jetzt heißt es nur noch abwarten ...

Ich höre ein Geräusch, es raschelt in meiner Falle!

Du kannst auch versuchen, mit einem Stückchen Käse oder Obst Insekten anzulocken.

Ein Hirschkäfer! Mit seinen riesigen Kiefern kämpft er mit anderen Hirschkäfermännchen.

Keine Angst, du starker Käfer, ich lass dich natürlich wieder frei!

Es ist sehr wichtig, dass du die Tiere, die du gefangen hast, bald wieder freilässt.

Plastik ist sehr schlecht für die Umwelt, deshalb nehme ich den Joghurtbecher wieder mit.

Oh, wer ist denn hier unter dem Becher?

Die Larve wird sich später in einen Hirschkäfer verwandeln.

Auch sie hat schon kräftige Kiefer, mit denen sie morsches Holz zerkaut.

Zwölf tolle Käfer

Marienkäfer
Die bunten Farben warnen Feinde davor, dass der Käfer scheußlich schmeckt.

Goliathkäfer
Dies ist der schwerste Käfer der Welt.

Giraffenhalskäfer
Sehr merkwürdig sieht dieser Käfer aus.

Nashornkäfer
Die riesigen Käfer kämpfen mit ihren Hörnern miteinander.

Mistkäfer
Der Kot großer Pflanzenfresser ist die Nahrung der Mistkäferlarven.

Maikäfer
Diese großen Käfer schwirren laut durch die Luft.

Blattkäfer
Die Flügeldecken schillern wie ein Regenbogen.

Wespenbock
Der Bockkäfer ahmt eine Wespe nach, um Feinde abzuschrecken.

Sandlaufkäfer
Nicht viele Insekten können so schnell laufen wie er.

Taumelkäfer
Blitzschnell kreiselt dieser Käfer auf der Wasseroberfläche.

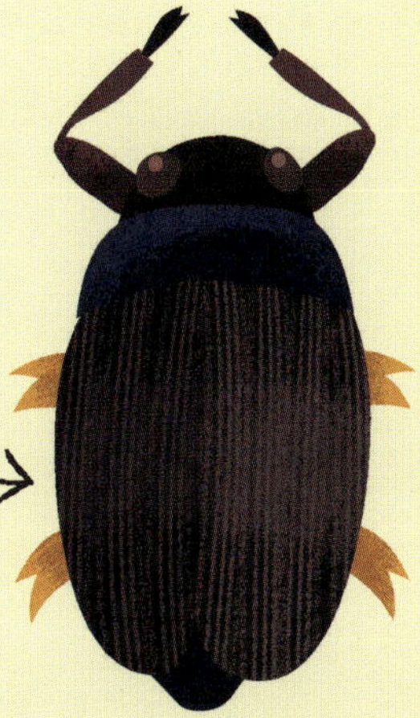

Bombardierkäfer
Mit seinem Hinterleib kann das Insekt heiße Säure versprühen.

Totengräber
Der Käfer vergräbt tote Tiere, von denen sich seine Larven ernähren.

Super, es hat angefangen zu regnen! Jetzt werden interessante Tiere herauskommen, die das Wasser lieben.

„Das sieht gut aus. Die Würmer graben sich bestimmt gern durch den Boden. Ich suche auch nach kleinen Tieren, die bei Regen aktiv sind.“

Eine Wurmfarm ist ein Behälter, in dem Würmer Abfälle aus dem Garten und der Küche in Kompost verwandeln.

Die Nacktschnecke frisst jetzt Blätter. Bald wird es dunkel, deshalb sollte ich nach Hause gehen.

Bevor ich heimgehe, besuche ich noch die Tiere in meinem Insektenhotel. Das habe ich aus verschiedenen Töpfen, Bambus, Zweigen und Ziegelsteinen gebaut. Wer ist wohl unter dem Blumentopf?

Oh, manche Hotelgäste haben aber viele Beine!

Hundertfüßer laufen sehr schnell. Schau mal, so viele Beine!

Der Körper eines Hundertfüßers ist breit und flach. So passt das Tier unter einen Blumentopf oder einen Stein.

Ein Tausendfüßer hat noch mehr Beine als ein Hundertfüßer.

Tausendfüßer haben einen runden Körperumriss. So können sie sich gut durch den Boden graben. Auf ihren vielen kleinen Beinen laufen sie eher langsam.

Die Beine sitzen unten am Körper. Das Tier erinnert ein wenig an eine Zahnbürste.

Ich werde bald ins Bett gehen. Aber viele Krabbeltiere wachen jetzt auf.

Bevor ich einschlafe, beobachte ich noch all die kleinen Tiere, die jetzt unterwegs sind.

Schau mal, die blinkenden Lichter! Glühwürmchen locken ihre Partner an.

Wie wunderhübsch!

Manche Insekten können selbst Licht erzeugen. Andere werden vom Licht angelockt. Vielleicht kann ich ein paar von ihnen mit meiner Taschenlampe anlocken.

Wie alle Schmetterlinge entwickeln sich Nachtfalter aus Raupen. Wie es meinen Raupen wohl geht?

Sie sehen schon größer aus als heute Morgen.
Sie haben jede Menge Blätter gefressen.

Hui, was passiert jetzt?

Der Schmetterling schlüpft aus der Puppenhülle!

Die Flügel trocknen in der Nacht. Die Schmetterlinge werden sich bald paaren und danach werden die Weibchen Eier legen.

Berühre nie einen Schmetterlingsflügel, sonst blättern die winzigen Schüppchen ab, die ihn bedecken.

Zeit fürs Bett! Überall sind Krabbeltiere, auch in unseren Häusern.

Die Stubenfliege wurde wohl vom Licht angelockt.

Glück gehabt, dass Gerda dich nicht erwischt hat, kleine Fliege. Gerda ist unsere Hauswinkelspinne. Wo ist sie nur? Sie webt die allerschönsten Netze.

Ich lasse das Handtuch über dem Badewannenrand hängen. Wenn Gerda in die Wanne fällt, kann sie wieder herausklettern, ohne abzurutschen.

Da bist du ja, Gerda. Ich hoffe, du hattest einen guten Tag.

Es ist manchmal ganz schön anstrengend, eine Entomologin zu sein. Aber auch großartig!

Viele Spinnen weben jeden Tag ein neues Netz. Manchmal fressen sie vorher ihr altes auf. Die Seide wird in ihrem Körper wiederverwertet.

Egal wie viele spannende Krabbeltiere man findet, es gibt immer noch mehr zu entdecken. Welche werden es wohl morgen sein? Schlaf gut!

So schützt du die Umwelt

Insekten und alle anderen kleinen Krabbeltiere sind fantastisch! Sie spielen in der Natur eine unglaublich wichtige Rolle. Deshalb müssen wir sie schützen, damit die Erde gesund und wunderschön bleibt. Hier sind ein paar Tipps und Ideen, wie du die kleinen Tiere schützen kannst:

- Verwende niemals chemische Insektenvernichtungsmittel oder Schneckenkorn.
- Baue ein Insektenhotel und beobachte deine kleinen Gäste.
- Säe Pflanzenarten an, deren Blüten Nektar für Bienen und Schmetterlinge enthalten.
- Wenn du einen Garten hast, dann lass an einigen Stellen das Gras hoch wachsen. Auch Brennnesseln sind das Futter vieler Raupen.
- Schalte in der Nacht alle Lichter aus, um die Nachtfalter und andere nachtaktive Insekten nicht zu verwirren.

Um die Umwelt mit all ihren Lebewesen zu schützen, ist auch das wichtig:

- Denk gründlich nach, bevor du etwas Neues kaufst. Vermeide Plastik und kaufe wenn möglich gebrauchte Dinge.
- Behandle die Natur gut. Sammle Müll ein, bleib auf den Wegen und tritt nicht auf Blumen oder Pilze.
- Du kannst auch kleine Stellen bepflanzen, wie einen Blumenkasten vor dem Fenster oder eine Ecke im Hof.

Leon Ella Noah